Für

Von

ANN VOSKAMP

Tausend Dank

Freude finden in den
kleinen Geschenken des Alltags

Mit Fotos von Ann Voskamp

GerthMedien

MIX
Papier aus verantwortungsvollen Quellen
FSC® C084279
www.fsc.org

Originally published in the U.S.A. under the title:
„Selections from One Thousand Gifts".
Published by arrangement with The Zondervan Corporation L.L.C.,
a subsidiary of HarperCollins Christian Publishing, Inc., Grand Rapids,
Michigan 49530, U.S.A.
www.zondervan.com

Aus dem Englischen von Beate Zobel

Wenn nicht anders angegeben, wurden die Bibelzitate
der folgenden Bibelübersetzung entnommen:
Gute Nachricht, © 1997 Deutsche Bibelgesellschaft, Stuttgart.

1. Auflage 2015
Bestell-Nr. 817018
ISBN 978-3-95734-018-4

Zusammenstellung: Rebecca Currington,
in Zusammenarbeit mit Snapdragon GroupSM, Tulsa, OK
Bearbeitung: Saskia Barthelmeß, Nicole Schol
Umschlaggestaltung: Hanni Plato
Umschlagfoto: Shutterstock
Innengestaltung: Hanni Plato, Jody Langley
Fotos im Innenteil: Ann Voskamp
Satz: Hanni Plato
Druck und Verarbeitung: Print Consult, München

Für Caleb, Joshua, Hope, Levi, Malakai und Shalom,
unsere sechs Küken.
Danke, dass ihr eurer Mama zeigt,
wie man fliegt.

Leise raschelt das Papier …

… und mit einem Flüstern wenden sich die Seiten dem Betrachter zu.

Ich will wach bleiben für die Wildheit und die Schönheit des Lebens.

Momente. Das ist alles, was wir haben. Kurze Momente, flüchtig, kaum wahrnehmbar. Sie blitzen vor unseren Augen auf, doch wir stürmen vorbei und übersehen sie in unserer Hast oder unserer Müdigkeit, die uns lähmt und unaufmerksam macht.

Haben wir Zeit für ein Eis? Lassen wir Augenblicke der überschäumenden Leichtigkeit zu, können wir tanzen, lachen und fröhlich sein? Spüren wir die Freude, wenn geschmolzenes Eis über Kinderhände tropft, wenn Teenager sich vor Lachen krümmen, wenn bloße Füßchen baumeln und die Sonne langsam am Horizont versinkt?

Wir brauchen jemanden, der uns wachrüttelt! Wir wollen den Flügelschlag des Vogels hören und das fröhliche Plätschern des Baches. Wir wollen den aufsteigenden Nebel am Abend begrüßen und nicht blind sein für die Farben, in denen der Herbst die Blätter färbt. Wie schnell verstreicht ein Jahr, wie schnell ist eine Kindheit vorüber.

Leise flüstern die Seiten beim Blättern und erinnern mahnend an die Flüchtigkeit der Zeit. Das Leben fliegt an uns vorbei, Menschen tauchen auf und verschwinden – es gilt, die Augenblicke festzuhalten, aus denen die Freude entspringt.

Wir müssen nicht mit Blaulicht durch den Alltag jagen, es muss nicht alles in höchstem Tempo geschehen. Das Leben ist kein Krisenfall, der so schnell wie möglich behoben werden muss.

Nur wer stillhält, kann das Leben ergreifen … nur auf einer ruhigen Hand erstrahlt die zarte Seifenblase in ihrem bunten, schimmernden Licht.

Ein Leben ist köstlich und süß, zu schade, um in Eile verschlungen zu werden. Einen Nachschlag gibt es nicht, die Länge des Lebens ist festgesetzt.

Es gilt, die Welt zu erleben wie das Kind, das beim Essen innehält, mit der Zunge an seinem Wackelzahn spielt und mit vollem Mund lächelt: „Ich liebe dich, Mama … und das alles hier.“

Das alles hier, all diese kostbaren Augenblicke … Sie wurden für uns geschaffen, damit wir uns daran erfreuen. Und wir müssen lernen, die Dinge aus diesem Blickwinkel zu betrachten.

Die ganze Erde und der Boden unter unseren Füßen, der Regen, der vom Himmel fällt, die Sterne, die über uns kreisen, es ist alles für uns. Alles wurde für uns gemacht. Das Lächeln des Freundes, das Schläfchen am Mittag, die kreisenden Fahrradspeichen, die wilde Rose am Küchenfenster und der Lufthauch, der das Kerzenlicht bewegt – es ist alles für uns.

Was wäre, wenn wir das begreifen könnten?

Eine Haltung der Dankbarkeit für die kleinen Dinge vor unseren Augen ist der Samen, aus dem mitten im Alltag Wunder entstehen.

Es ist Zeit, sich für mehr zu öffnen. Schlagen wir die Seiten dieses Buches auf und üben wir Dankbarkeit.

Werden wir wach für das Wunder des Augenblicks.

Entdecken wir die Freude an dem, was wirklich zählt.

Fangen wir an, unser unbändiges Leben zu verändern.

Dieses Buch erzählt die Geschichte meiner Veränderung, meiner Entdeckung der Dankbarkeit. Es erzählt die Geschichte, wie ich alle guten Gaben Gottes in meinem Leben zu zählen begann und wie die Gnade Gottes in alle Bereiche meiner kleinen Welt floss. Fangen doch auch Sie an, die Geschenke zu zählen. Zählen Sie, auf wie viele wunderbare Weisen er Sie liebt, zählen Sie bis tausend und noch weiter und hören Sie nie wieder damit auf.

Irgendwann werden Sie merken, dass Sie schon morgens beim Erwachen Ihre Hände dem Himmel entgegenstrecken, auch in Zeiten der Trauer und mit einem Herz voller unbeantworteter Fragen, selbst mitten im Elend, denn diese Welt ist trotz allem so schön. Die Zeit verfliegt, die Erde dreht sich weiter, doch dieser Augenblick ist heiliges Land. Sie können Ihr Tempo drosseln, achtsam werden und sich zuversichtlich auf die Suche machen. Die Freude, nach der unsere Seele verlangt, sie findet sich hier, im Erleben der Momente, die mit einem geflüsterten Dank empfangen werden. So erfährt das Leben, unser eines, einziges Leben, die tiefe Erfüllung, nach der sich jeder Mensch sehnt.

Jeder Augenblick will als heilig erlebt, als Gnade empfangen werden.

Jeder Augenblick ist ein Geschenk.

Es ist ein Wagnis,

ähnlich dem Wagnis der Liebe, die sich auf einen anderen Menschen einlässt. Ich gehe es an einem klaren Novembermorgen ein. Es ist die Zeit für Listen: Listen mit Mahlzeiten für die Feiertage, Listen für handgefertigte Geschenke, Listen mit Dingen, die gekauft werden müssen – überall auf meinem Schreibtisch, rund um meine Arbeitsplatte liegen, stecken, kleben sie. Doch dann blinkt die Frage einer Freundin auf, die Worte flimmern über meinen Bildschirm. Sie fordert mich heraus und ich merke es nicht einmal. Kann ich eine Liste schreiben mit tausend Dingen, die mir kostbar sind? Ich lese ihre Frage ein zweites Mal. Tausend Segnungen soll ich auflisten – eintausend Geschenke –, wie meint sie das?

Ich ahne nicht, dass in diesem Moment Gottes Werk in mir beginnt, das Heilen meiner Seele. Es gibt Momente, da durchschreiten wir unbewusst eine Tür und wissen es erst, nachdem wir im anderen Raum angelangt sind.

Ich greife nach Schmierpapier und drehe das Blatt um. Ich überlege nicht lange, wage es und schreibe die Überschrift: Geschenkliste. Und sofort beginne ich, sie zu notieren, nicht die Geschenke, die ich gerne hätte, sondern jene, die ich schon besitze.

Tagebücher – alte, neue, egal, welche

Kerzen auf der Geburtstagstorte

Der Anfang

ist gemacht, und ich lächle, ein unglaublich glückliches Lächeln. Ich notiere völlig alltägliche Dinge, die ich bis dahin nicht als Gaben gesehen hätte. Erst als ich sie niederschreibe, erkenne ich sie, die Gaben, die ER mir schenkt. Ich schreibe und fühle mich, als würde ich Liebe auspacken.

Dieser Strom des Bewusstseins, aus dem ich meinen Durst stille, dieser Strom der Gnade, der mich mit sich reißt. Ich schreibe einen weiteren Punkt auf die Liste, um es noch einmal zu spüren.

Zunächst ist es die Herausforderung, die mich antreibt, mit der Liste weiterzumachen. Und weil sie mich so froh macht und es mich mit fast alberner Freude erfüllt, all diese schönen, kleinen, herrlichen Kostbarkeiten zu notieren.

eucharisteo always
Jesus, Immanuel,
Gott mit mir …
überall, an jedem Tag

Ich blättere durch die Seiten der schweren, dicken Bibel und lese langsam, im Original. „Er sprach darüber das Dankgebet" heißt auf Griechisch im Infinitiv *eucharisteo*. Ich unterstreiche das Wort.

In *eucharisteo* steckt das Wort *charis*, was „Gnade" bedeutet. Jesus nahm das Brot in dem Bewusstsein, dass es eine Gabe war, und dankte dafür.

Doch es steckt noch mehr in diesem Wort. *Eucharisteo*, die Danksagung, enthält auch das Wort *chara*, die Freude. Ich atme tief ein, fühle mich wie ein einsamer Wanderer, der endlich zu Hause angekommen ist. Das erfüllte Leben führt zu … Freude.

Ich flüstere es, meine Zunge soll es fühlen, mein Ohr soll es hören. *Charis* – Gnade. *Eucharisteo* – Danksagung. *Chara* – Freude. Ein Dreigestirn, drei Sterne, die in der Nacht leuchten. Eine dreifache Schnur, die ein Leben lang hält. Habe ich den Weg zu einem erfüllten Leben gefunden?

Gnade, Dankbarkeit, Freude. *Eucharisteo.*

Ein griechisches Wort, das alle Fragen beantwortet, den Sinn des Lebens offenbart?

„Ein Nagel treibt den Nagel aus, Gewohntes wird durch Gewohnheit überwunden." Dieser Satz stammt von Erasmus. Überrascht denke ich darüber nach und werde traurig. Wie schade um alles, was hätte anders sein können, wenn ich diese Wahrheit schon früher erkannt hätte.

Entschlossen schaue ich auf meinen Stift. Ich werde diesen Stift benutzen und weiterschreiben, bis ich bei tausend angelangt bin. Dieser Stift macht genau das, er treibt die Nägel aus. Die Nägel meiner gewohnten Undankbarkeit werden herausgeschlagen und der neue *eucharisteo*-Nagel wird hineingetrieben. Ich schlage neue Nägel ein, um alte herauszutreiben, hässliche Nägel, mit denen Satan die Welt und auch mein Herz durchbohrt hat. Wie ein Licht das Dunkel erleuchtet, wie eine Tür, die sich öffnet, so entfalten sich die Zusammenhänge vor mir. Jahrelang habe ich versucht, die Stacheln der Unzufriedenheit herauszuziehen, aber es ist mir nicht gelungen. Diese tief verwurzelte Unzufriedenheit lässt sich nur entfernen, indem man sie durch etwas Stärkeres ersetzt, durch den glatten Nagel der Dankbarkeit.

Ich schwinge meinen Hammer.

Neue Gewohnheiten ersetzen die alten

Ein Ehemann,
der gerne lächelt
und aus vollem
Herzen lacht

Ich schneide in der Küche

einer Freundin Gurken. Meine Klinge schneidet grüne Scheiben. Meine Freundin steht am Herd, rührt in einer Soße. Als Eltern kochen wir für die Kinder, die wir geboren haben.

„Du hast dich verändert." Sie dreht sich zu mir um.

Überrascht schaue ich auf.

„Wirklich?" Darauf bin ich nicht vorbereitet. Ich weiß nicht, was ich sagen soll.

„Doch … du hast dich wirklich verändert." Shelly stellt ihren Topf auf einen Untersetzer und schaut mich an.

Ich spüre ihren Blick.

Vielleicht hat sie recht? Seit Monaten spüre ich eine innere Entwicklung, ein Voranschreiten und Wachsen, ich fühle das Neue, das begonnen hat. Aber ich dachte, das Ganze sei noch unausgereift, wie eine Knospe der Hoffnung, die noch nicht zur Blüte gelangt ist. Ich hätte nicht gedacht, dass man das Leuchten in den Augen schon sehen kann.

„Kommt das von der Liste, die du schreibst?"

Ich konzentriere mich auf meine Arbeit, gieße Wasser in leere Gefäße.

„Ja …" Da ist es. Ein Augenblick. Und ja. „Es ist die Liste."

Unerwartete Bestätigung, Gottes Gnade, die mich demütig macht

Kann man es zu oft sagen? Gnade ...

Auf der Arbeitsplatte

liegt die Liste, auf der ich Gottes Gaben benenne. Ich kann nur eines sehen und denken: dass meine Idee, die tausend Gaben zu nennen, die besonderen Augenblicke zu erkennen, eine heilige Angelegenheit ist.

Während ich das benenne, was mich direkt umgibt und was ich sonst vielleicht übersehen hätte, wird etwas, das ansonsten unsichtbar geblieben wäre, sichtbar.

Aus meiner eigenen inneren Leere heraus entspringt ein Name.

Ich gebe einen Namen. Und ich weiß, wem ich gegenüberstehe.

Gott! Gott ist in jedem Detail zu finden, Gott erfüllt den Augenblick, Gott ist in allem, das an uns vorbeizieht – auch in den leidvollen Erfahrungen des Lebens. GOTT!

Vielleicht verändern sich, während ich den Augenblick benenne, auch die hässlichen Namen, die ich mir selbst gebe. Ich setze den Stift auf die leere Seite und benenne die Geheimnisse. Ich schüttle den Stift, als die Tinte ausbleibt, und male Kreise, bis sie wieder fließt.

Wäsche, die im Wind trocknet

Es gibt Tage,

da will die Tinte nicht fließen. Ich bin so müde.

Ich besinne mich wieder auf *eucharisteo*, denn ich weiß ja, dass darauf das Wunder der Freude folgen kann, hier und jetzt.

Es macht mich glücklich, die Dinge beim Namen zu nennen. Vorsichtig, ängstlich frage ich mich, ob ich nicht einem lächerlichen Experiment auf den Leim gegangen bin. Da sind diese Tage voll mit schmutziger Wäsche, Kindern und Geschirr in der Spüle, an denen ich zweifle, ob diese schlichte Übung mir wirklich zeigen wird, wie *eucharisteo*, das Wichtigste im Leben, funktioniert. Es ist so frustrierend normal.

Ich nehme mein Notizbuch zur Hand. Zum Lernen gehört das Üben – manchmal stumpfsinniges Üben. Habe ich deshalb die Sprache der „Dankbarkeit in allen Dingen" nie verstanden? Ich habe es nie geübt. Vermutlich hätte ich es so lange üben müssen, bis es selbstverständlich geworden wäre, Teil meines Wesens. Das Üben ist der schwerste Teil des Lernens, aber es ist die Grundlage der Veränderung.

Diese Übung ist vielleicht die schwerste meines Lebens. Möglicherweise wird sie mir das Leben retten.

An manchen Tagen

nehme ich meine Kamera zur Hand, sie ist mein Hammer.

Die Linse ist mein Stift, mit ihrem Sensorauge hält sie die Momente in Pixeln fest. Als der Farmer aus dem Stall kommt, trifft er mich dabei an, wie ich mich mit meinem neuen Hammer über einen Teller mit geriebenem Käse beuge, den ich ins Sonnenlicht gestellt habe. Es kann gut sein, dass sich ihm die göttliche Herrlichkeit in meinem Käseberg nicht erschließt.

Doch ich täusche mich.

„Es ist schön, dich so zu sehen“, sagt er und legt seinen Arm um meinen vornübergebeugten Oberkörper.

„So verrückt, wie ich mich gerade aufführe?“ Ich werde rot vor Verlegenheit.

„So vollkommen, wie du gerade bist. Du hast Freude an all den kleinen Dingen, die Gott uns gibt. Das macht mich sehr froh.“

Ich bin glücklich, lächerlich glücklich über Käsekrümel.

Ich freue mich und ich spüre das Leben in mir. Ich muss lachen, herzlich und heftig. Ich bin verändert! Ich lache!

Die Freude hat mich überrascht!

Freude ist so real, sie ist das überfließende Leben, und sie ist immer wieder ein Geschenk, das man nicht festhalten kann. Gott schenkt mir seine Gaben, ich gebe ihm meinen Dank und packe das Geschenk aus: Freude.

Farben & Schattierungen, Licht & Schatten

Endlich Sonne
und die Hoffnung,
die Samenkörner
in die Erde zu legen

Es ist wahr,

ich will nicht aufhören, auch den anderen Teil von *eucharisteo* zu lernen, die Dankbarkeit am Sterbebett, unter einem dunklen Himmel und angesichts verlorener Söhne. Doch ich gebe mich damit zufrieden, dass dies der Anfang ist. Dass auch eine Zeit für alles Schwere im Leben kommen wird, und ich werde üben müssen.

Der erste Schritt hinein in das Geheimnis und das Wunder von *eucharisteo* ist die Dankbarkeit für das scheinbar Unbedeutende – ein Samenkorn –, woraus ein großes Wunder erwachsen kann. Das *eucharisteo*-Wunder ist, wie beim Abendmahl, zunächst klein und unbedeutend. Man schluckt ein paar Krümel, nur einen Bissen Brot. Doch man sollte die kleinen Anfänge nicht verachten. Das ganze Leben – auch in seinen schweren Abschnitten – besteht aus vielen kleinen Teilen. Wenn ich diese verschwindend kleinen Bausteine nicht beachte, kann das große Werk nicht entstehen. Ich lerne eine neue Sprache und ich lasse mich ganz darauf ein.

Der große Anspruch, in allem dankbar zu sein, lässt sich leben, indem man für diese eine kleine Situation dankbar ist. Die kleinen Augenblicke der Dankbarkeit fügen sich dann zu einem großen Ganzen zusammen.

Kleine Mädchen in Samtkleidern

Das Umblättern
einer Buchseite

Diesen Vers

hatte ich schon oft gelesen: „Dankt Gott, dem Vater, zu jeder Zeit für alles im Namen unseres Herrn Jesus Christus“ (Epheser 5,20). Ich nickte an dieser Stelle immer und bestätigte: „Ja, ich bin für alles dankbar.“ Doch seit ich angefangen habe, tausend Geschenke aufzulisten, erkenne ich: Solange ich mit einem groben, allgemeinen Pinsel der Dankbarkeit über alles in meinem Leben streiche, bin ich in Wahrheit nur für sehr wenige Dinge wirklich dankbar. Ich habe mein Leben lang Predigten über Dankbarkeit gehört, mein Regal ist voller Bücher zu diesem Thema, und doch bin ich der beste Beweis dafür, dass sich lebensverändernde Dankbarkeit auf diese Weise nicht erwerben lässt. Sie wird im Leben erst dann verankert, wenn sie Nagel für Nagel eingeschlagen wird.

Kleine Nägel und ein fester Hammer können ein Leben verändern – *eucharisteo* geht dem Wunder voraus.

Was kann uns
davon abhalten,
uns für die Freude
zu entscheiden?

Ich kenne das schreckliche Leiden der Armen, ich habe die Hungernden gesehen und die Waffen des Krieges. Ich habe selbst Schmerz erlebt und das kann man meinem Leben ansehen. Doch noch mehr trage ich zum allgemeinen Elend bei, wenn ich nicht dankbar bin für das Morgenlicht, das durch die Baumkronen fällt, wenn ich mich nicht erfreue an dem schweren Duft der Rosen am Beginn des Sommers und all die unzähligen guten Gaben, die Gott uns gibt.

Die Welt braucht nicht noch mehr Wut, nicht noch mehr Verzweiflung. Es wird der Welt nicht helfen, wenn ich die Freude zurückweise, wo sie doch die Kraft ist, die uns zu retten vermag. Wer sich aus Solidarität mit den Leidenden der Freude verschließt, der hilft ihnen nicht. Das Gegenteil ist der Fall. Die Tapferen, die auf all die guten und schönen Dinge achten – und seien sie auch noch so klein –, die dankbar sind und Freude im Alltag entdecken, sie sind die Botschafter der Hoffnung, die das Licht in die Welt tragen.

Der Geruch von Erde

Wenn wir unsere harten Herzen dem lieblichen Regen der Gnade aussetzen und der Freude erlauben, unsere trockene, rissige Erde aufzuweichen, dann wird Leben hervorsprießen. Das ist es, was die Welt braucht. Der Himmel öffnet sich, wenn wir unseren Dank bringen.

Dieser Dank für den Augenblick findet sich auch im Gebet Marias, der Frau, die an der größten Verwandlung der Geschichte beteiligt war. Während Gott als Embryo ihren Leib füllt, jubelt

sie leise: „Mein Herz preist den Herrn, alles in mir jubelt vor Freude“ (Lukas 1,46–47).

Genau das kann auch ich tun, genau dort, wo ich gerade bin.

Irgendetwas wird immer die Leere füllen. Wenn ich jedoch danke für das, was zunächst kaum zu sehen ist, dann gebe ich Gott Raum, in mir zu wachsen und meine Leere zu füllen. Das allein wird mich innerlich erfüllen und ich werde „seine Größe verkünden durch meinen Dank“ (Psalm 69,31).

Raureif, der von den
Zweigen gleitet …
… als lege die
Kälte ihre Kette ab

Wodurch kann ein Leben an Größe gewinnen? Durch zermürbenden Stress, die Last des Tages, all das Falsche und Kaputte? Oder durch Gott? Niemals sind Gottes Allmacht und Allwissenheit zu gering. Gott hat es nicht nötig, von uns kleinen Wesen erhöht zu werden, genau das Gegenteil ist der Fall. Wir haben versucht, unser kleines Leben aufzublähen, aber wenn wir danken, schrumpfen wir, und die Welt ist wieder in Ordnung. Wenn ich danke, wachse ich mit ihm, nehme ich gemeinsam mit der Welt an Größe zu, werde von ihm bewegt, und alles ist von Freude erfüllt.

Dies ist eine andere Form des Gebets.

Indem ich die Momente der Gnade benenne und die Liste der Gaben Gottes führe, trage ich Gott nicht mehr nur meine Wünsche vor, wie eine Einkaufsliste, sondern erlebe eine ganz andere Art des Betens. Ich betrete den Thronsaal, das Zentrum seines mächtigen, von Liebe erfüllten Herzens.

Der Herzschlag eines
geliebten Menschen

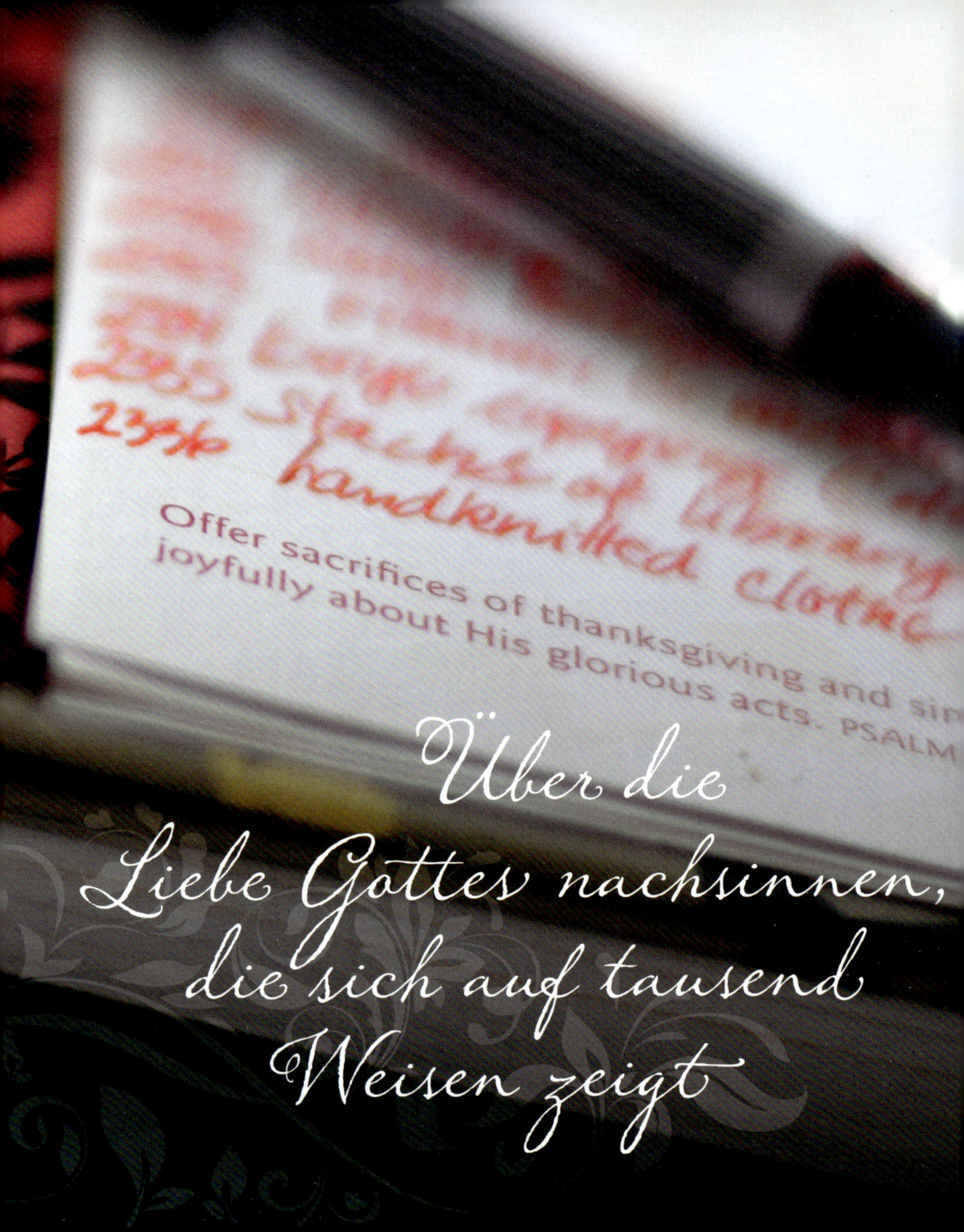

Über die
Liebe Gottes nachsinnen,
die sich auf tausend
Weisen zeigt

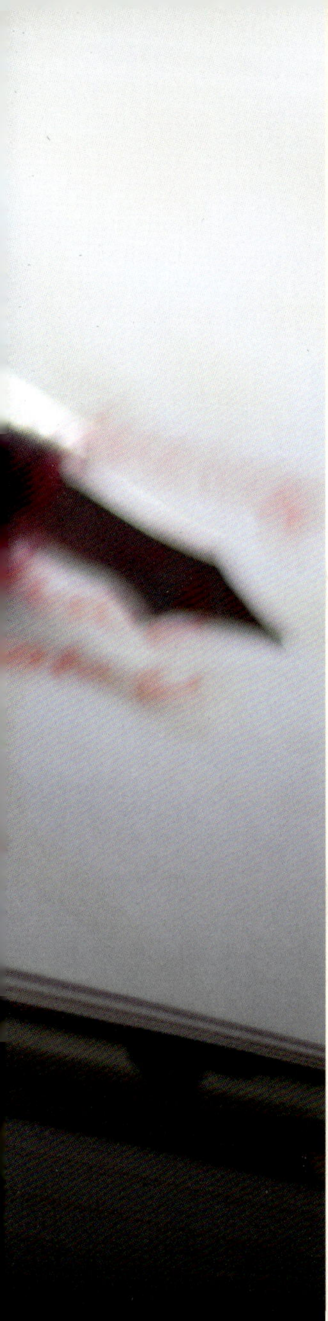

Es ist Gottes Liste,

an der ich schreibe, Ausdruck seiner Liebe – die Liebe, die freudig meine Gebete erwartet. Auf einmal kann ich klar erkennen, was mit mir geschieht. Wenn ich aufschreibe, was ich liebe, dann halte ich fest, auf welch vielfältige Weise Gott mich liebt. Das ist das Wagnis der Liebe. Ich komme in seine Gegenwart, höre auf seine Liebe und weiß, dass hier unendlich viel Gnade zu finden ist. So entstehen Wunder. Es gibt nur eine Kraft, die mich und die ganze Welt verändern kann, und das ist seine Liebe.

Mein Dankes-Notizbuch liegt offen auf seinem Platz auf der Arbeitsplatte, bereit, Augenblicke festzuhalten, ein Kassenbuch seiner Liebe. Ich darf mich von der Schlichtheit des einfachen Listenschreibens nicht täuschen lassen. Alles fühlt sich heilig an. Ich muss grinsen.

Morgenlicht,
das durch die
Baumkronen fällt

Ich bin die Glocke,

er ist der Wind, er bewegt sich und ich läute.
Das ist die Art des Gebets, die Daniel vorgelebt hat.
Daniel, ein Mann, der Einfluss auf Königreiche hatte,
der Dinge bewegte und erschütterte, der zweite Mann nach
dem König, der ruhig zwischen hungrigen Löwen schlief.
Daniel, ein Mann des Gebets, nicht weil er dreimal täglich seine steifen Knie vor Gottes Thron beugte, um immer wieder seine Wünsche einzureichen. Seine Gebete beeinflussten Könige und Löwen, denn Daniel „fiel dreimal am Tag auf seine Knie, betete, lobte und dankte seinem Gott, wie er es auch vorher zu tun pflegte" (Daniel 6,11; Luther).

Dreimal täglich dankte Daniel seinem Gott. Er dankte für die alltäglichen Dinge seines Lebens, für Gottes Liebe, die aus Gottes Herzen ausgegossen war. Echte Gebete kommen immer von dankbaren Lippen. Dankbarkeit öffnet uns den Zugang zu jenem anderen Beten, bei dem wir zum Herzen Gottes kommen. Es führt uns an den Ort, an dem alles Nötige vorhanden ist, um die Welt zu verändern – um mich zu verändern –, während ich an seinem Herzen ruhe.

Meine Liste ist ein Nachdenken

über Gottes Güte und genau das gefällt ihm am meisten! Nicht nur, dass es Gott gefällt, auch ich selbst fange an, die wohltuenden Auswirkungen zu erkennen. Und doch stehe ich noch ganz am Anfang. Wenn die Beschäftigung mit seiner Güte die höchste Form des Gebets ist, dann ist es ein denkbar heiliger Vorgang, seine Güte mit einem Stift oder einer Kamera und mit einem Wort des Dankes zu betrachten.

Am Tisch Bibelverse auswendig lernen ... Stimmen in Harmonie

Ich betrachte die Zeichen seiner Güte, die jeder sehen kann, überall und inmitten von allem.

Auf diese Weise betrete ich den Raum seiner Liebe. Ich bin fasziniert und voller Sehnsucht: Daniel war ein Mann des Gebets, weil er ein Mann des Dankes war. Wenn ich eine Frau des Gebets werden will, muss ich eine dankbare Frau werden. Dabei geht es nicht um gelegentlichen Dank, sondern um ein dreimal tägliches Danken. War es die Kraft der täglichen Dankgebete, die den gefräßigen Löwen das Maul verschloss?

Mein Gesicht spiegelt sich im Aluminium der Spüle, als ich die runde Schüssel ins Wasser gleiten lasse. Ich kenne dich gut. Dein Leben ist so geschäftig, dir bleibt keine Zeit, zur Quelle des Lebens zu gehen. Diese suchenden Augen. Du bist die Person, die dringend mehr Zeit braucht, Zeit, die es für Geld nicht zu kaufen gibt. Wir tauschen unsere Zeit ein für Dinge, die wir angeblich brauchen und die uns Gewinn versprechen. Zeit sei Geld, so sagt man, doch das ist nicht wahr. Zeit ist Leben. Wenn ich erfülltes Leben suche, dann brauche ich erfüllte Zeit.

Eile mit Weile.

Wie sehr wir uns auch beeilen, die Zeit hält mit, wir können ihr nicht entkommen. Durch unsere Eile beschleunigen wir sie nur. Wenn wir schneller rennen, vergeht sie umso schneller. Sie hält unser Tempo. Das Wettrennen gegen die Zeit hat einen Haken, es macht uns innerlich leer. Eile höhlt die Seele aus.

Ich wische eine Wasserpfütze von der Spüle. Gott schenkt uns die Zeit. Aber wer hat Zeit für Gott?

Bunte Herbstblätter
im Wald

Lachen

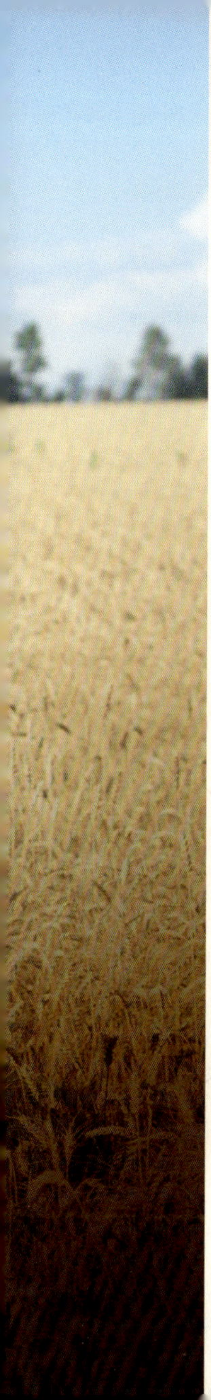

Ich rede mit Gott

über meine Gedanken: Ich will nicht mehr Zeit, nur genug Zeit. Ich wünsche mir Zeit zum Atemholen, Zeit zum Staunen und Lachen, Zeit, um Gott die Ehre zu geben, mich auszuruhen und lauthals zu singen. Genug Zeit an jedem Tag, um mich nicht so gehetzt zu fühlen, so bedrückt, gejagt und panisch, Zeit, um alles Notwendige zu schaffen und den Terminen nicht hinterherrennen zu müssen.

In einer Welt, in der Kühe gekauft und Felder bestellt und viel gearbeitet werden muss, im ständigen Pfeifen und Blinken des 21. Jahrhunderts und dem Anspruch, „im Hier und Jetzt“ zu leben, von dem keiner weiß, wie das praktisch gehen soll – wie kann ich mir in dieser Welt Zeit nehmen? Mit mir selbst, meinem Körper, meiner Seele und mit Gott in Einklang leben? Ich wünsche mir Zeit, um die Jacke zu nehmen und hinauszugehen, an die frische Luft, unter den Himmel, ins Grüne, um mich an allem zu erfreuen und das Licht in all seinen Farben genießen zu können. Ich wünsche mir genug Zeit, um mein eigenes Leben richtig leben zu können.

Die Zeit drängt voran

wie ein mächtiger Strom. Sie fließt unaufhaltsam und reißt alles mit sich. Nur wenn ich mich in die Strömung der Zeit hineinstelle, mit dem ganzen Gewicht meiner Aufmerksamkeit, kann ich den Lauf der Zeit bremsen. Ich kann die wilde Flut aufhalten, indem ich voll in sie eintauche. Während ich nach dem nächsten Augenblick des Staunens Ausschau halte, verringere ich mein Tempo und tauche ein in die Flut. Die Zeit verlangsamt sich. Der Fluss fließt langsamer. Er wird tatsächlich immer langsamer.

Indem ich für tausend Dinge dankbar bin – durch meine Achtsamkeit für die kleinen Dinge –, bremse ich das Tempo meines Alltags. Ich achte auf das Schöne und verharre in Raum und Zeit.

Ich jagte bisher durchs Leben, ließ mich von Sorgen vorwärtspeitschen, sah keuchend und voller Reue auf die Vergangenheit zurück und war getrieben von der Angst vor der Gegenwart. Ein Leben im Hier und Jetzt stellt die schwerste aller Anforderungen: sich weit zu öffnen, um zu empfangen.

Regentropfen,
die an Zweigen
hinablaufen

Mein allgegenwärtiger
Gott, mein Fels,
bei dem ich mich berge

Gott ist hier.

Gott ist in meiner Gegenwart. „Ich bin“ ist sein Name. Ich möchte meine Schuhe ausziehen. Ich erlebe „Ich bin“ in seiner vollen Präsenz. Der Fluss der Zeit verlangsamt sich, steht still … Gott ist der Zeit nicht unterworfen. Ich habe die größte Gabe empfangen, ich halte die Zeit fest, Gott selbst ist darin. Ich wage kaum zu atmen … Zeit ist wesentlich, weil sie das Wesen Gottes ist – des „Ich bin“. Zeit ist heilig.

Wenn ich in der Gegenwart lebe, begegne ich dem großen „Ich bin“, erlebe die Nähe des gegenwärtigen Gottes. In seinen Armen verliere ich das Gefühl, dass die Zeit mir davoneilt … ich verharre bei ihm, in der Zeit, in der Heiligkeit.

Ich bin auf der Jagd nach Schönem, bewege mich langsam, mit offenen Augen, jede Muskelfaser angespannt, ich fühle und staune. Das Jagdfieber hat mich gepackt.

Ich will das Leben schmecken.

Gott schmecken.

Eine abgenutzte braune Decke, die ich Großmutter gab …

und nun kuscheln sich
Enkel hinein,
die sie nie
kennengelernt hat

Danke, Herr,
für unser
tägliches Brot

Ich denke nach

über den Gott-Menschen, der seine allzu wenigen Brote und Fische zählte. Ich kenne das von den Flanelltafeln mit den Papierbildern. „Jesus nahm die Brote, sprach darüber das Dankgebet und verteilte sie an die Menge. Mit den Fischen tat er dasselbe, und alle hatten reichlich zu essen" (Johannes 6,11).

Er sprach das Dankgebet. Auch in dieser Situation kommt es vor. Schon wieder – ich habe es an dieser Stelle noch nie wahrgenommen. Dieser Halbsatz, der zwei andere Satzteile verbindet, ist wie eine Brücke. Er steht in der Mitte, zwischen dem Mangel und der Fülle.

Jesus nahm den Mangel an … dankte … und dann kam der Überfluss. Es gab reichlich für alle!

Durch Danken gewinnen wir Zeit.

Dank führt aber auch zum Überfluss. Die übernatürliche Vermehrung kommt, nachdem ich gedankt habe. Ich nehme den einen Laib, erkläre, dass er genug ist, danke dafür – und auf übernatürliche Weise schafft ER daraus Überfluss.

Ich habe schon Vermehrungswunder wie dieses erlebt.

Ich bin voller Dank. Ich bin voller Zeit. Die Dankbarkeit lädt mich ein, mich vom „Ich bin" umfangen zu lassen, meine allzu knappe Zeit zu genügend Zeit vermehren zu lassen.

Meine Liste besteht aus

Kostbarkeiten, die es wert sind, bis tausend zu zählen. Es lohnt sich immer, auf die Freude zu warten. Es lohnt sich, an das Leben in Fülle zu glauben. Wir müssen dafür einen langen Weg zurücklegen.

Ich hatte eine neue Seite aufgeschlagen, ein neues Jahr begonnen. Ein Notizbuch befand sich immer in meiner Handtasche, ein weiteres neben meinem Bett, eines neben der Spüle

Ein neuer Tag … wieder und immer wieder Neues

und noch eins auf dem Computertisch. Ich hatte tausend Geschenke notiert, nun war daraus das Wagnis geworden, mich an unendlich vielen Gaben zu erfreuen. Gott hatte dieses Instrument gebraucht, um mich zu verändern.

Die tägliche Übung ist der Weg zur vollkommenen Freiheit. Die tägliche Disziplin, bis tausend zu zählen, hat mich in die Freiheit des Staunens geführt. Ich will wach bleiben, will Gott in jedem Augenblick entdecken, die Freude im Jetzt.

Fr. Victor Gillespie O.S.B.
Born: March 5th 1915
Died: February 9th 2010
Ihr letztes Weihnachten ...
das ihr ihre letzten
Stunden versüßte ...

Freude und Schmerz

sind wie zwei Arterien des einen Herzens, durch die das Leben zu all denen gepumpt wird, die noch nicht empfindungslos geworden sind. Meine Dankeslisten füllen viele Seiten des Notizbuches. Gleichzeitig weiß ich tief in mir: Verlust gehört dazu. Das Wissen bedrängt mich, jeden Tag … Was könnte ich verlieren? Gesundheit? Bequemlichkeit? Hoffnung? Gott hat uns zugesagt, dass wir zuletzt jeden irdischen Besitz verlieren werden.

Wann werde ich mit Verlust konfrontiert werden? Heute? In einigen Wochen?

Wen werde ich verlieren? Ich werde jede einzelne Person verlieren, die ich jemals geliebt habe. Alle werden gehen, entweder plötzlich oder allmählich. Jede menschliche Beziehung wird enden. Bin ich darauf vorbereitet?

Jeder Schritt, den ich im Leben mache, ist mit Verlust verbunden. Ich lebe im Wartezustand. Was werde ich heute verlieren? Wie wird es mir genommen werden? Und wie wird Gott mir heute seine Güte erweisen?

Diese Tage der verrückten Gnade

Ich habe Augenblicke des Segens gezählt, bin bis Tausend gekommen, entdecke seither immer mehr – und frage mich, was Segen letztlich bedeutet. Wenn dieser Augenblick jetzt ein Geschenk, eine Gnadengabe ist, was ist dann mit dem nächsten Augenblick? Ist er ein Fluch? Wie kann ich ein ganzes Leben sortieren, aufteilen nach Segen und Fluch? Nach welchen Kriterien geschieht das?

Was ist gut? Was zählt zur Gnade? Was entspringt dem Herzen Gottes?

Glaube ich an einen Gott, der sich gelegentlich erhebt und Gnadentropfen über die leidende Menschheit sprengt? Einen Gott, der hin und wieder Raum und Zeit durchbricht, um uns mit kleinen Geschenken zu erfreuen – eine Genesung hier, eine Arbeitsstelle dort und ein eigenes Häuschen im Vorort –, um sich dann wieder zurückzuziehen, weil er zu unfähig ist, mit dem Leid und Elend umzugehen? Einen Gott, der manchmal, willkürlich und punktuell seine Güte verteilt – gerade oft genug, um sie in einer Liste notieren zu können? Gibt es eine Antwort auf die Frage, was mit all den anderen Augenblicken ist?

Mit ihr im
Bauerngarten lila
Sonnenhut pflücken

Meine Bibel liegt aufgeschlagen

neben dem Notizbuch mit der Dankesliste. Die göttliche Botschaft ist in kunstvolle Worte verpackt, die spürbar Gottes Leben enthalten. Gott gebraucht verschiedene Sprachen, um mit uns zu reden. Manchmal schreibt er seine Botschaft mit Sternen an den Himmel (Psalm 19,2–3). Und überall in der Schöpfung ist er auch wahrzunehmen (Römer 1,20). Doch es gibt auch die Worte, die er mit scharfem, heiligem Messer tief in ein Leben ritzt. Vorsichtig legt die geschliffene Klinge seines Wortes dort das Gewebe frei, wo Geist und Seele sich begegnen, deckt die geheimen Wünsche und Gedanken des Herzens auf (Hebräer 4,12).

Nichts außer seinem Wort kann mir helfen, die Welt zu verstehen. Das Wort hat von Nägeln durchbohrte Hände, die unser Gesicht umfassen und unsere Tränen abwischen, das Wort hat Augen, die sich vor unserem brennenden Schmerz nicht verschließen, das Wort flüstert: „Ich weiß. Ich weiß.“ Die Leidenschaft, über die auf Papier geschrieben wird, ist eine Person. Wenn ich die Brille des Wortes trage, dann ist das keine abstrakte Idee, sondern ich sehe mit den Augen des Gott-Menschen, der zu uns kam, der den Schmerz kennt.

Meine geliebte Bibel,
die mich täglich höher
führt und tiefer
hineinzieht

Die Sonne, die den
Schnee wie Edelsteine
glitzern lässt

Ich blicke dem grauen Schatten nach, der über die Hügel verschwindet, die Sonne treibt ihn nach Osten. Gott hat alles gut geschaffen. Was böse scheint, wirkt nur aus einer gewissen Perspektive heraus böse, so wie die Augen den Schatten je nach Standort unterschiedlich wahrnehmen. Über den Wolken hört das Licht nie auf zu scheinen.

Ich werde Gott nicht vor meinem Schmerz schützen, ich werde nicht sagen, dass er mit dem Leid in der Welt nichts zu tun hat. Satan ist ein brüllender Löwe, aber er liegt an der Kette. Ich darf dem Gott, der alles in seiner Hand hat, auch meine Verzweiflung entgegenschreien, ich darf weinen, klagen und jammern. Er drückt mich an seine Brust, wie er es mit David tat, dessen leiderfülltes Herz mit dem Herzschlag Gottes zusammenfloss.

Dann höre ich seine sanfte Stimme: „Sind deine Wege meine Wege, liebes Kind? Kannst du das Manna essen, kannst du dich an dem Unerklärlichen stärken? Kannst du glauben, dass ich unermüdlich und liebevoll dafür sorge, dass für die ganze Welt alles zum Besten dient, weil das Feuer meiner Liebe für dich niemals erlöschen wird?"

Mir selbst die Gute Nachricht von Gnade und Wahrheit zuspreche

Wer würde jemals

die Gnadengaben des Trostes, der Standhaftigkeit, der Barmherzigkeit und Vergebung, der Geduld und des Mutes jemals empfangen, wenn er nicht durch Schattenzeiten gegangen wäre?

Der endlose geistliche Kampf, Auge in Auge mit Satan, ist der erbitterte Kampf um die Freude. Er verhöhnt mich angesichts all der schrecklichen Dinge, die sich in dieser von Sünde getränkten Welt ereignen, während ich mich unter Aufbietung all meiner Kraft an Gottes Güte festklammere. Der Lügner sprüht seine Graffiti immer wieder über die Zeichen von Gottes Herrlichkeit, während ich darum ringe, mich an Gott zu erfreuen … Satan will die Freude ersticken, doch ich kämpfe mit aller Kraft, greife nach der Wahrheit und halte den Drachen am Boden.

Es liegt daran, dass meine Augen nicht gut sehen – meine Perspektive stimmt nicht.

Wenn es Satan gelingt, dass ich meinen Blick vom Wort abwende, dann kann ich das Licht nicht mehr sehen, nicht mehr vom Licht erfüllt werden. Augen, die nicht gut sehen, bewirken eine Dunkelheit in der Seele. Ein unerfülltes, leeres Inneres ist nicht wirklich leer, es ist von Dunkelheit erfüllt.

Schaue ich ohne die Brille von Gottes Wort auf diese Welt, sehe ich nur ein Zerrbild.

Gott ist Licht,
in ihm gibt es keine
Spur von Finsternis.

Mir wird bewusst,

dass neues Leben immer aus der Dunkelheit kommt. Gott sprach in die Finsternis und es wurde Licht. Das Leben in Fülle entspringt aus der Finsternis von Golgatha, in das tiefschwarze Felsengrab brach das strahlende Licht des Ostermorgens.

Mein Schmerz, meine Dunkelheit – der Schmerz der ganzen Welt, die Dunkelheit der ganzen Welt –, das alles könnte tatsächlich wohlschmeckend sein, der Ausgangspunkt für neues Leben?

Ja. Leere kann die Fülle der Gnade hervorbringen, denn in der Leere haben wir die Möglichkeit, uns Gott zuzuwenden, dem Einzigen, der Gnade geben kann. So finden wir den Weg zur Freude in Fülle.

So verwandelt Gott unsere Welt. Dunkelheit verwandelt er in Licht, Schlechtes in Gutes, Trauer in Gnade, Leere in Fülle. Gott kennt keine Verschwendung – er ist es, „der alles nach dem Rat seines Willens wirkt" (Epheser 1,11; Elberfelder Bibel).

Wer weiß, wann wir an der Reihe sind, auf den Berg der Verklärung zu steigen?

Sonntagnachmittage
am See mit Cousins,
Cousinen und Oma,

mit Schwestern, Kindern
und Ehemännern ...
bis die Sonne untergeht

Ist das nicht das Wichtigste

am Evangelium? Die gute Nachricht lautet, dass alle Menschen, die im Tal der Todesschatten leben, in neues Leben hineingeboren werden. Die Verwandlung der leidenden Welt ist in vollem Gang. Leiden ist die Grundlage für Gnade. Schmerz und Freude sind wie zwei Arterien des einen Herzens, Klagen und Tanzen sind die Bewegungen einer unvollendeten Symphonie der Schönheit. Kann ich der guten Nachricht Glauben schenken, dass Gott alle Zeilen meines Lebens geduldig in ein Lied für seinen Sohn verwandelt?

Ich weiß es jetzt gewiss: Alles ist Gnade.

Jesus hat uns bei seinem letzten Mahl vor der Kreuzigung gezeigt, wie alle Dinge verwandelt werden können. Er hat den vorhandenen Schmerz genommen, hat dafür gedankt und ihn in eine Freude verwandelt, die alle Leere ausfüllt. Ich fange an, es zu begreifen. Es ist die schwere Übung, auch leidvolle Erfahrungen auf die Liste der Gnadengeschenke zu setzen und sie in etwas Schönes zu verwandeln. Es ist die schwere Übung, allezeit für alles dankbar zu sein, weil Gott durch und durch gut ist.

Alte Kirchenlieder,
junge Stimmen singen
den Refrain mit

Spaziergänge in der
Dunkelheit einer stillen,
sternklaren Nacht

„Das wird dir gefallen."

Der Farmer legt seine großen Arbeiterhände auf meine Schultern und zieht mich zu sich heran.

„Ausgerechnet jetzt?" Ich muss noch das Essen auf den Tisch stellen, das Geschirr abwaschen, den Boden wischen, die Kinder ins Bad schicken, die Decken aufschütteln und mich dann zum Gebet an ihre Betten knien.

Er schiebt mich zum Fenster. Ich bin sprachlos. Staunend steht mein Mund offen.

Sein Flüstern windet sich um die Kurven meiner Ohrmuschel. „Als ich das gesehen habe, wusste ich, dass du es auch haben willst." Er grinst. Ich atme erleichtert aus und jage hinaus, stürme durch die hintere Tür, über den Rasen, die Schürze noch immer an.

Die Rundung des Mondes ist gewaltig, ein weiß glühender Planet, der den unseren streift. Ich spüre seine Anziehungskraft, wie eine Perle hängt er in der Weite des Himmels und zieht mich hinaus ins All. Ich beschleunige meinen Lauf über das Stoppelfeld. Wer bin ich, dass ich eine solche Herrlichkeit mit bloßem Antlitz betrachten darf?

Willige Hände,
die Abend für Abend
den Tisch decken

Bin ich deshalb davongelaufen

zur Essenszeit, eine Mutter, die zu Hause, im Hier und Jetzt, keine Herrlichkeit sehen kann? Die langsamer wird, um zu jagen, die nach weiteren tausend Gaben sucht, Heiligtümern des Augenblicks, der Fülle des Lebens, die aus der dunklen Leere hervorbricht, dem Wunder des *eucharisteo*.

Ja – ich bin diese Frau. Ich lebe mein Leben in Kreisen, entdecke etwas, betrete Neues, vergesse und verliere es wieder, finde einen neuen Zugang, lebe schichtweise – gehe tiefer, werde runder, tauche ein. Ich kenne *eucharisteo*, ich kenne das Wunder. Aber ich lebe das, was ich erkannt habe, nicht völlig aus.

Täglich muss ich kommen – meine Knie beugen, zupacken, mich erinnern –, es ist nicht möglich, das Manna ein für alle Mal zu sammeln, zu horten und im Herzen zu bewahren, um mich ein Leben lang davon zu nähren.

Regen und Pfützen und noch mehr Regen

Ich hatte es niedergeschrieben,

nachdem ich es gelesen hatte, um es nicht zu vergessen: Das hebräische Wort, das überall in der Bibel verwendet wird, um die Herrlichkeit Gottes zu beschreiben, heißt kabod. Seine ursprüngliche Bedeutung ist „Schwere“.

Ich habe Mühe zu atmen: Die ganze Erde ist erfüllt von seiner Herrlichkeit. Der Himmel, die Erde, das Meer, alles ist schwer und gesättigt, getränkt von Gott. Wie kann ich das nur immer wieder vergessen?

Dieser Augenblick, dieser Ort – nichts anderes als ein Tor zum Himmel. Die Herrlichkeit Gottes regnet auf mich herab, ebnet mit ihrer Schwere alles ein, was sich auf Erden erhebt, die Gnade bricht durch, reißt den Himmel entzwei und mich dazu. Überall sind Tore und Fenster, ich wusste es nur nicht. Nein, ich wusste es schon einmal, aber ich hatte es wieder vergessen. Jetzt erinnere ich mich.

Das Gewicht der göttlichen Herrlichkeit – nicht als bloße, flüchtige Vorstellung, sondern täglich und überall – durchbohrt den Mantel der Erde und der Himmel scheint durch die Löcher.

Ein duftender Zweig
rot überhauchter
Rosenblüten

Sanft stellt er mir die Frage,

die auch jener Blindgeborene ihm beantworten musste: „Was soll ich für dich tun?" (Lukas 18,41).

Ich spüre sie in meiner Brust, lange bevor sich eine Antwort oder die Andeutung einer Antwort in meinen Gedanken oder Worten formt. „Was soll ich für dich tun?" Ich entspanne mich, atme tief ein. Ich werde ruhig. Ich mag nicht alles verstehen, aber das ist es, was ich will.

Das Königreich der Herrlichkeit, die Perle von unschätzbarem Wert, den Acker mit dem Schatz, den ich besitzen will, für den ich alles andere aufzugeben bereit bin. Diese Perle erfüllt mich mit pulsierender Freude, glasklar und ungetrübt, ich bin weit offen für mehr von seiner Herrlichkeit. Es gibt nur einen Ort, den ich sehen will, bevor ich sterbe. Es ist der Ort, an dem ich Gott sehen kann.

Danach verzehre ich mich: Ich will mehr von seiner Herrlichkeit.

So flüstere ich mit dem blinden Bettler: „Herr, dass ich sehen kann."

Nichts für selbstverständlich halten, sondern alles mit Dank entgegennehmen

Überreiche Ernte

Ich kauere mich tief

ins Stoppelfeld an den Rand des Ackers.
Ich will die Schönheit sehen. Im Hässlichen,
im schmutzigen Geschirr in der Spüle, im Leid,
im Alltäglichen, an jedem Tag meines Lebens,
in den Augenblicken vor dem Einschlafen.
Gott selbst ist die Verkörperung der Schönheit,
manifestierte Herrlichkeit. Danach sehne ich
mich: Ich hungere nach Schönheit.

Dabei war mir gar nicht bewusst, wie sehr ich mich nach Schönheit gesehnt habe, bis ich dem Mond entgegengelaufen bin. Heute fühle ich mich so zerfleddert, so ausgelaugt und verbraucht, zwischen all dem Geschirr, dem Schmutz und den tausend Kleinigkeiten der Kinder. Hatte ich nicht gestern noch die Augenblicke der Gnade gezählt? Gestern war meine Seele noch gesättigt. Verbraucht sich das so schnell? Wie eine Sucht, wie ein ständiges Verlangen nach mehr, das sich nicht unterdrücken lässt, so will ich immer noch mehr Schönes sehen, noch mehr von Gottes Herrlichkeit. Dafür bin ich gemacht – um ihm mehr Ehre zu geben. Was gestern war, ist nicht genug.
Ich brauche heute Manna, sonst verhungere ich.

Die Ernte reift auf den Feldern

Ein einzelner Weizenhalm

steht mit gesenktem Kopf vor mir. Ich strecke meine Hand aus, streiche vorsichtig an dem dünnen, silbernen Stiel entlang. So geht es. Ich lerne von einem einzelnen, tief gebeugten Weizenhalm, was es heißt zu danken. Ich lerne Dankbarkeit vom Wind, der in den zum Trocknen aufgehäuften Grashalmen „Herrlichkeit" flüstert, von den Blättern des Silberahorns, die ehrfürchtig rascheln. Ich ehre Gott, indem ich auf die Schöpfung

achte. Ich hebe eine Hand zum Himmel, dann die andere. Ich senke den Kopf, dann strecke ich meinen ganzen Körper flach vor ihm aus. Ich senke den Kopf wie die Weizenähre, ich bin vor Gott wie ein einzelner Grashalm, verwurzelt im gegenwärtigen Augenblick. Von ihm und durch ihn und zu ihm hin sind alle Dinge, alles ist sein, und alles, was atmet, preist ihn. Ich flüstere es immer wieder, präge es mir ein, will es nie wieder vergessen.

Eucharisteo, eucharisteo, eucharisteo.

Ich kann Gott in meiner Welt nur erkennen, wenn ich durch die Augen von Jesus sehe. Gott ist sowohl der Gegenstand meiner Beobachtung als auch die Person in mir, die mich sehfähig macht, die Wortbrille für mein inneres Auge. Ohne Jesus könnte ich nicht in diesem Theater Gottes sitzen, könnte seine Herrlichkeit nicht sehen, wie sie die Finsternis vertreibt und die Augen meines Herzens für seine Gnade öffnet, für Tausende seiner Gnadengaben. Um sehen zu können, braucht es ein offenes Herz, in dem Jesus immer mehr Raum gewinnt (Johannes 16,13–15).

Nur Jesus kann meine Augen öffnen. Er zerreißt den Vorhang, der mich vom Allerheiligsten trennt, er schenkt mir wahres Sehvermögen. Ich war verloren, jetzt bin ich gefunden. Leise singe ich es, während die Gänse in den Süden fliegen: „Herr, öffne du mir die Augen, Herr, öffne du mir das Herz, ich will dich sehen, ich will dich sehen …“

Die letzten Schreie der Wildgänse

You are Loved

Nachdenken …
über die Bibel, über
verrückte alltägliche
Gnadengeschenke, über
die unterschiedlichen
Zeichen von Gottes Liebe

Der Mond steigt höher,

eine strahlende Scheibe, ein glänzender Felsbrocken im Universum, in zarte Seide gehüllt. Hinter mir, irgendwo aus der fernen, undurchsichtigen Abenddämmerung, ertönen rufende Stimmen von Kindern, die über die Felder rennen. „Mama? Mama!" Sie finden mich und lachen, weil ich den Mond fangen wollte. Ich lache mit ihnen, lache aus tiefstem Herzen, und es fühlt sich so richtig an.

„Hast du ihn gefangen?", fragt mein Mädchen und grinst.

„Nein, ich habe ihn nicht erwischt", antworte ich scherzhaft-bedauernd und schaue sehnsüchtig nach oben. „Aber ich habe gefunden, was ich gesucht habe." Herr, ich will dich sehen (Lukas 18,41).

Die Berge hüllen sich in das Dunkel der Nacht. Wir gehen zusammen den letzten Hügel hinauf, die untergehende Sonne im Westen wirft lange Schatten hinter uns her. Die Kinder reden, lachen, rufen. Ich bin glücklich. Lächelnd schiebe ich eine Hand in meine Tasche, die Luft ist merklich kühler geworden. Hat er mir die Augen für die Schönheit eines jeden Augenblickes geöffnet, weil meine inneren Augen für Schönheit geschaffen sind?

Wie der Tag sich
mit einem prächtigen
Schimmer dem
Ende zuneigt

Die Welt, in der ich lebe,

ist laut und verwackelt, mit verstopften Toiletten und Strafzetteln für überhöhte Geschwindigkeit, mit einem Hund, der sich mitten in der Wohnung erbricht, und Terminen, die ich vergesse. Diese sechs Kinder verlangen mir alles ab, jeden Tag, ich muss sie unterrichten, erziehen, ihnen vorangehen, ich versage kläglich. Es geht um sechs kostbare Seelen, deren Zukunft auf dem Spiel steht.

Wie lange werde ich noch brauchen, um das erfüllte Leben, ein von Freude und Gnade erfülltes Leben, zu finden? Wird es mir gelingen, ehe diese sechs wunderbaren Kinder das Nest verlassen und ich meine Tage als Mutter leise beiseiteräume? Wie kann ich meine Augen öffnen für die kostbaren alltäglichen Dinge, zu Hause, im Arbeitstag? Wie kann ich jeden Tag in ein Heiligtum verwandeln? Kann ich in dieses Leben zurückkehren und mit offenen Augen beten?

Körbe mit Blumen,
aus denen Wasser tropft

Die letzten Sonnenblumen

stehen hoch aufgerichtet im Garten vor der Küche, direkt neben der Veranda. Ich habe die Schere mitgebracht und freue mich auf ein paar frische Blüten. Im Haus stehen die leeren Vasen auf dem Schrank und warten darauf, gefüllt zu werden. Schönheit soll die Leere füllen. Wieder einmal suche ich, suche nach Schönem.

Die Finken mit ihren gelben Flügeln sind zwischen den hohen Baumkronen unterwegs. Ich stelle mich auf die Zehenspitzen und versuche, eine besonders schöne, üppige Sonnenblume zu erwischen. Dazu wähle ich ein paar kürzere Stile aus, die mit gesenktem Kopf und junger Blüte dazwischenstehen. Ich schreite die Reihen der Riesen ab und sammle. Meine Arme sind feucht vom Tau, beladen mit den Gaben des Sommers.

Zurück im Haus beschneide ich die Stängel, entferne die unteren Blätter, fülle die wartenden Vasen und rücke die Schönheit zurecht. Dann verteile ich die Gefäße mit ihren goldenen Kronen. Eine kommt auf den kleinen Tisch am Fenster, die andere auf den handgefertigten Kaminsims. Ich verteile Schönheit im Haus. Die letzte Vase kommt auf den Esstisch. Ich platziere sie mitten auf dem gequilteten Tischläufer. Ich beuge mich über den Tisch und befühle die Blütenblätter.

Es sollte mich interessieren,

und ich versuche, mich dazu zu zwingen. Aber in mir ist alles hart, so müde. Wortlos wende ich mich ab. Ich will sehen, ich muss sehen, ich will fühlen können. Wie hat Jesus das gemacht? Er veränderte seine Blickrichtung. „Er … sah zum Himmel auf und sprach das Segensgebet darüber. Er brach die Brote in Stücke und gab …“ (Matthäus 14,19). Es hängt von den Augen ab, es kommt darauf an, wohin wir sehen. Es braucht keine besonderen Umstände, um innerlich zur Ruhe zu kommen, es braucht nur die richtige Blickrichtung.

Erlösung, Vergebung der Schuld

Kolosser 1,14

Ich spreche das Unsichtbare ins Dasein und fühle den gleichmäßigen Atem der Gnade – danken (einatmen), danken (ausatmen). Der Blick ist konzentriert, ich nehme das Schöne im Hässlichen wahr. Die Sonne scheint auf unseren Tisch, auf den Läufer und die Sonnenblumen. Ich sehe das Licht. Die ganze Welt ist ein Fenster. Wenn wir uns für das Sehen entscheiden – Menschen, Umstände, Situationen, Beziehungen –, dann wird alles transparent.

Für Gott ist die ganze Welt aus Glas. Und *eucharisteo* reinigt die Scheiben. Danksagung, die grundsätzliche, ständige Anbetung, wirkt erlösend, sie wäscht den Ruß verbrannter Tage ab.

*Von einem Augenblick
zum anderen werden
wir verwandelt werden*

Wie findet man Gott

im Kleinen? Der Jünger Johannes flüstert es mir ins Herz: „Wir sahen seine Macht und Hoheit … aus seinem Reichtum hat er uns beschenkt, uns alle mit grenzenloser Güte überschüttet“ (Johannes 1,14.16).

Das ist die Schatzkarte, die uns verrät, wie wir zum wahren Sehen finden können. Wir sahen seine Herrlichkeit … denn … jeder von uns hat eine Gnadengabe nach der anderen empfangen. Wir haben Gnade empfangen, immer wieder. Um seine Herrlichkeit zu sehen, muss ich seine Gnadengaben benennen. Meine verwirrten Sinne müssen wieder vom Geist angeleitet werden, um Gnade sehen zu können.

Warum fällt es mir so schwer? Ich muss üben, üben.

Danken ist eine Disziplin, die wir uns nur mit viel Übung aneignen können. Im Danken begeben wir uns in Gottes Gegenwart. Wir bleiben in seiner Nähe, es ist immer eine Übung für unsere Augen. Wir können das, was vor unseren Augen ist, nicht verändern. Aber wir können es mit anderen Augen sehen.

Das Geräusch der
Windmühlen im letzten
Wind des Tages

Keine Angst bei ihm

„Die Liebe kennt keine Angst.
Wahre Liebe vertreibt die Angst."
1. Johannes 4,18

Etwas fehlt,

stelle ich erstaunt fest: Ich habe keine Angst.

Ich schaue auf den Stall, ich zähle die Gnadengaben auf und kann es kaum fassen: Die Angst, die mir so oft die Kehle zugeschnürt hat, ist verschwunden. Ich atme frei und unbekümmert. Die Angst – mein Baby, um das ich mich ständig gekümmert habe – ist nicht mehr da. Dabei hätte ich allen Grund, Angst zu haben. Die Agrarwirtschaft steht immer noch am Abgrund, die Zukunft unserer Tierhaltung ist weiterhin ungewiss, es gibt immer noch keine Zusagen, keine Versprechungen, nichts hat sich verändert. Was mir gestern Angst gemacht hat, was mich vorige Woche beunruhigt hat, ist unverändert da. Aber ich bin verändert. Ich verändere mich in der Tiefe, während ich mich in der Dankbarkeit übe. Ich praktiziere *eucharisteo*.

Und es ist mir ganz unerwartet widerfahren. Mit diesem Lebensstil der bewussten Dankbarkeit habe ich, ganz unbewusst, die Vertrauenswürdigkeit Gottes geprüft. Und während ich Segnungen aufzähle, stolpere ich den Weg entlang, der mich aus der Angst führt.

Kann man auf Gott zählen? Ich zähle seine Segnungen und finde heraus, wie viele seiner Brücken schon gehalten haben!

Das Weiterreichen und Brechen des Brotes

Dies ist ein wesentlicher Teil

des Christentums: erinnern und danken, *eucharisteo*. Warum sind Erinnern und Danken von so entscheidender Bedeutung? Wenn wir uns dankbar an seine Hilfe erinnern, können wir ihm vertrauen – und damit wirklich glauben.

In den Monaten, seit ich meine Segnungen aufzähle, haben mich diese Worte angespornt. Dankbarkeit ist die wichtigste Haltung des Nachfolgers Jesu. Deshalb ist *eucharisteo* so ein zentrales Thema des Christentums. Doch war mir lange Zeit nicht klar, dass Dankbarkeit deshalb eine so wichtige Eigenschaft der Nachfolger Jesu ist, weil sie Vertrauen schafft … und damit den wahren Glauben.

War das nicht auch Jesu Anliegen bei der Einsetzung des Abendmahls? Jesus gab den Jüngern einen seiner letzten Aufträge, den ich nur allzu oft vergesse: Wir sollen uns erinnern. Tut das zu meinem Gedächtnis. Erinnert euch und seid dankbar.

Nur wenn ich dankbar betend lebe, kann ich auch in der Kraft des Vertrauens auf Gott leben. Mir war nicht klar, wohin mich die Tür des *eucharisteo* führen und aus wie vielen Ängsten sie mich herausführen würde.

In die Stille hinein

kommt der Geist und er flüstert einen Namen.

Christus.

Wenn Vertrauen verdient werden muss, hat Gott das nicht durch seine Wunden, die Dornen auf seiner Stirn, meinen Namen auf seinen rissigen Lippen getan? Wie viel mehr wird er uns auch alles andere geben, das gut für uns ist? Er hat das Unfassbare schon gegeben.

Christus, der Querbalken des Kreuzes – für uns.

Das Zählen der Segnungen mündet in diese eine Segnung. Alle Dankbarkeit ist letztlich die Dankbarkeit für Christus, jede Erinnerung ist ein Erinnern an ihn. In ihm wurde alles erschaffen, in ihm wird alles erhalten, in ihm lebt alles. In Christus ist alles vereint, für das wir dankbar sind, in Christus ist alles vereint, an das wir uns erinnern können. Um unser Vertrauen auf Gott zu stärken, zählen wir seine Gaben auf, doch letztlich zählt nur eine Gabe, seine Gabe.

Dieses Wunder ist so radikal, es macht mich glücklich, macht mich still: Jeder Augenblick, jedes Ereignis, alles, was geschieht – alles ist in Christus. In ihm sind wir immer sicher.

Unaussprechliche Freude,
ein Opfer für viele

Land des
weiten Himmels

Wenn die Größe unserer Freude

von der Tiefe unserer Dankbarkeit abhängt und Dankbarkeit eine Frage unserer Perspektive ist, dann scheint eine kindliche Perspektive auf die Welt besonders hilfreich zu sein, auch im geistlichen Sinne.

Habe ich es nicht selbst schon erlebt, an jenem Aussichtspunkt, als ich mich so klein fühlte angesichts der Größe des Canyons? Ich sah hinab auf die zerklüftete Erde, die Weite des Grabens, die Schlucht, die in vielen Farbnuancen leuchtete, und fühlte mich so klein, dort am Rand des Grand Canyons. Auch in jener Juninacht, als sich die Weite des Himmels über mir wölbte, übersät mit Sternen, die Gott alle beim Namen nennt. Dort, auf dem Feld im Licht des vollen Mondes, wagte ich es nicht, die Unendlichkeit mit meiner menschlichen Hand zu berühren.

Und doch versuche ich gleichzeitig so oft, der Enge meines kleinen Lebens zu entfliehen. Stehe ich jedoch wahrer Größe gegenüber, die meine Kleinheit überschattet, dann macht mich das nicht traurig, sondern erfüllt mich mit frohem Staunen. Vielleicht, weil in jedem sterblichen Menschen auch das Ebenbild des ewigen Gottes enthalten ist? In all den großen, erstaunlichen Dingen finden wir etwas wieder, das uns an unseren Vater im Himmel erinnert. Das Große spricht den Teil in uns an, der uns mit dem großen Gott verbindet.

Kleine Hände, die Wäsche zusammenlegen

Ehrfurcht …

Ehrfurcht weckt Freude. Sie lässt uns die Knie beugen und in unserer Haltung dankbarer Anbetung sind wir von tiefer Freude erfüllt. Unsere Gottähnlichkeit, trotz aller Kleinheit, berührt den Vater in seiner Herrlichkeit. Diesen Gedanken verstand ich früher noch nicht: Alles Staunen, alle Anbetung können aus mir nur dann entspringen, wenn ich weiß, wie klein ich bin.

Es ist Jahre her, seit ich am Rand des Canyons stand. Mein Leben spielt sich zwischen schmutziger Wäsche ab. Wie kann ich in einer Haltung der Ehrfurcht leben, wenn mein Alltag so banal und gewöhnlich ist? Manche Schichten des *eucharisteo*-Lebens habe ich schon enthüllt, manche Wunder erlebt … aber es gibt immer noch Schichten, die ich nicht verstehe.

Das Licht fällt wie Goldbarren auf meine Wäsche.

Ich unterbreche meine Gedanken, lege die schweren Fragen, lege die Wäsche zur Seite, denn für Gott sind Knie wichtiger als Hände. Wie Daniel will ich beten, pünktlich zur festgesetzten Zeit will ich meinem Gott danken.

Vielleicht kann man Freude

immer nur als Überraschung erleben? So leben die Kleinen, an jedem Tag. Für diese Kleinen gibt es sogar eine biblische Bezeichnung. Gott nennt sie die Demütigen. Die Demütigen werden immer wieder überrascht. Die Demütigen leben aus der Freude. Die Unterdrückten, Gebeugten, die auf Gewalt verzichten, aber mit offenen Händen erwartungsvoll vor ihrem Gott stehen, das sind die Demütigen. Sie werden überrascht werden, wenn sie empfangen, was ER ihnen gibt. Er gibt ihnen die Erde. Die Erde. Aber überrascht mich das wirklich? Das lateinische Wort für Demut heißt humilitas. Der Erdboden und das Ackerland gehen auf das Wort humus zurück. Aus einem humus-Boden wächst die Saat und bringt Frucht. Gott gibt den humilitas-Leuten, den Demütigen, den humus-Erdboden, den fruchtbaren Acker, die Erde. Demut ist der gute Boden, auf dem Dankbarkeit wächst und die Früchte der Freude trägt. In Gottes Königreich ist alles anders, als wir es erwarten. Wer aufsteigen will, muss sich klein machen. Um Gottes Gaben zu bekommen, um voller Freude und mit seiner Gegenwart erfüllt zu leben, müssen wir nicht nach oben streben, uns mehr anstrengen, fleißiger sein und die schweren Lasten tragen, die die religiösen Führer uns aufbürden. Gottes Gaben bekommen wir auf eine sehr sanfte, freundliche Art. Wir müssen uns einfach nur bücken.

Abgeerntete Felder,
eingebrachte Ernte,
der Ehemann müde,
aber dankbar

Äpfel aus unserem Obstgarten

Immer und immer wieder

stimmt es: *Eucharisteo* geht dem Wunder voraus. Man sollte annehmen, dass ich das inzwischen weiß. Doch ich vergesse es immer wieder. Ich bin froh darüber, dass Er sich geduldig Zeit nimmt, um alle, die auf der Suche sind, vorsichtig auf den richtigen Weg zu führen.

Das scheint bei mir zu geschehen. Demütig danke ich meinem Gott für seine Gaben. Dadurch schenkt er mir mehr – mehr von seinen Gaben und mehr von sich selbst. Dankbare Demut nimmt zu, meine Seele liegt zu seinen Füßen. Darauf gibt mein guter Gott mir noch mehr seiner Gnadengaben und noch mehr von sich selbst. So reite ich auf der immer höher aufsteigenden Welle der Gnade immer weiter hinauf. Freude hebt mich empor, ich beuge mich tief in demütiger Dankbarkeit und werde von der Gnade noch höher emporgetragen. So erlebe ich eine wahre Vergnügungsreise der Freude und ich möchte nie, nie wieder etwas anderes tun.

Wird deshalb das Öl der Freude nie im Krug versiegen? Er muss zunehmen, ich muss abnehmen – das ist der Weg, wie meine Freude durch ihn zunehmen kann.

Das Licht, das ich sehe,

kommt aus der Vergangenheit, hat eine Geschichte, wurde von der Sonne ausgesandt, lange bevor es durch mein Fenster fällt und sich in den Glasscherben bricht. Zerbrochenes Glas spiegelt sich im Licht und hier finde ich das Geheimnis der Freudenflamme: demütiges Loslassen. Ich lasse meine Versuche los, etwas tun zu wollen, meine Versuche, alles im Griff zu haben … ich lasse meine eigenen Vorstellungen los, meine Ängste. Ich erlaube Gott, seinen Wind, seine Herausforderungen, seinen Sauerstoff in mein Leben zu blasen, um meine Freudenflamme anzufachen. Ich lasse die Hand geöffnet und bin. Ich bin im Frieden. Ich beuge meine Knie, bin klein und erlaube Gott, mir das zu geben, was er mir geben will, denn er gibt immer aus Liebe. Überrascht flüstere ich meinen Dank. So bleibt die Freudenflamme am Leben.

Die Fülle der Freude stellt sich nur ein, wenn ich meinen eigenen Willen Gott überlasse. Wenn ich loslasse. Ich kann loslassen, denn seit ich seine Gnadengeschenke zähle, erkenne ich, wie sehr er mich liebt, wie fest er mich hält, wie kostbar ich ihm bin. Ich kann loslassen, weil ich erfüllt bin von seiner Liebe. Ich kann vertrauen. Ich kann loslassen. Ich kann mich ihm ganz hingeben und für das danken, was er mir gibt – so finde ich Freude.

Sonnenlicht wirft
himmlische Wärme
durch das Fenster

Ein Obstgarten
voller Apfelblüten

Ich hätte nicht gedacht,

dass ich durch das Zählen von tausend Gaben auf eine jahrtausendalte Reise der Verwandlung geschickt werden würde. Ist es möglich, dass aus der Frau mit den leeren Händen, mit den geballten Fäusten, jemand wird, der im Inneren lebendig und mit sich selbst im Reinen ist? Ahne ich überhaupt, was das bedeutet?

Ich kann IHN hören. Was er sagt, gilt der ganzen Welt – und mir –: Das habe ich für dich getan. Das sind meine Geschenke für dich, meine Gnade für dich, ich bin dein Gott. Ich zähle die Zeichen seiner Liebe, Tausende, unendlich viele, seine Liebe hört niemals auf. Wenn ich am Morgen erwache, dann darf ich die Gewissheit haben, dass die Welt trotz allem Zittern, trotz allem Fragen und auch wenn es Hässliches gibt, doch wunderschön ist. Ich kann zur Ruhe kommen, vertrauen und jeden Moment als ein neues Geschenk seiner Gnade empfangen.

Im Obstgarten weht der erste Wind dieses Tages die Apfelblüten vom Baum. Eine weiße Decke legt sich sanft über die nackte, braune Erde. Ich beobachte die fliegenden Blüten. Schönheit, die wie Schneeflocken vom Himmel fällt. Und ich spüre seine zärtliche Liebkosung.

Eine Liebeserklärung an Gott und das Leben

„Dieses Buch liest man nicht einfach, um es dann ins Bücherregal zu stellen. Es ist ein Schatz, den man immer und immer wieder zur Hand nehmen wird."

Lysa TerKeurst, Bestseller-Autorin

Das Plätschern des Bachs, die silbernen Strahlen der Sonne auf dem Wasser. Jetzt und hier, ganz und gar da sein. Wie viele dieser kostbaren Momente haben wir wirklich wahrgenommen? Ann Voskamps Buch ist eine Einladung, inmitten des Alltags die Schönheit der vermeintlich kleinen Dinge und Gottes Spuren darin wahrzunehmen. Und dadurch eine Haltung der Dankbarkeit zu entwickeln, die die Fülle des Lebens mit offenen Armen empfängt.

GerthMedien

Ann Voskamp • Tausend Geschenke
Gebunden • 272 Seiten • ISBN 978-3-86591-795-9